AF405410

www.ingramcontent.com/pod-product-compliance
Lightning Source LLC
Chambersburg PA
CBHW071224130726
47998CB00002B/829

دستور العِشْق الضَّائِع

2024

(مواده وأحكامه)

كتاب	:	دستور العِشْق الضَّائِع
اسم المؤلف	:	د. محمد الشتري
نوع العمل	:	خواطر
عدد الصفحات	:	92 صفحة
غلاف	:	هبة إبراهيم
تدقيق	:	فريدة أشرف
إخراج فني	:	مريم محمد سيد
رقم إيداع	:	2024/3126
ترقيم دولي I.S.B.N	:	978-977-8994-70-4

نبض القمة للترجمة
جمهورية مصر العربية ـ القاهرة
مدير الدار: أ/ وليد عاطف حسني
موبايل: 01116058384
الميل: nabdalqima@gmail.com

دستور العِشْق الضَّائِع

2024

(مواده وأحكامه)

"نَهوَاكَ مَولايْ"

د. محمد الشِتري

بسم الله الرحمن الرحيم

"واضرِبْ لَهُمْ مَثَل الحَيَاةِ الدُنيا كَمَاءٍ أنزلناه مِن السَمَاءِ فَاخْتَلَطَ به نَبَاتُ الأرضِ فأصبَح هَشيماً تَذروه الرياحُ وكَانَ الله على كُل شيءٍ مُقْتَدِراً"

صدق الله العظيم

إهداء

إلى مَن لا تملك شيئاً سوى قَلبها وعن أي طيب خاطر أعطتنا إيّاه بخالص الحُب.

إلى مَن لم يملك أغلى من عافيته برضا وسماحة نفسٍ أفناها علينا.

إلى مَن بكل ما أوتيا مِن قوة عملا على خلقِنا سعداء.

إلى أمي وأبي فهما كل العالم..

إن الحياة الدنيا بكل متاعها وزينتها وجُل ما تشتهيه النفس منها ما هو إلّا قليل وزائل، بداية ونهاية ما هي فقط إلّا ممراً للآخرة سواء ضيقته أم أوسعته.

عن أبي هريرة رضي الله عنه قال:

قال رسول الله صلَّ الله عليه وسلم:

(لا تدخلوا الجنة حتى تؤمنوا، ولا تؤمنوا حتى تحابوا) صحيح مسلم.

صدق رسول الله صلَّ الله عليه وسلم

قال أحدهم أننا إن ذهبنا إلى المُعجم وبحثنا عن كلمة (حُب) لوجدنا الآتي:

الحُب: هو الإقامة والثبات، والتتيم، هو امتلاء وعي العاشق بالمعشوق وحده.

ولنُكمل بعده لأن الحُب أشمل من ذلك..

فإن الحُب هو الميل والوداد والانجذاب وما هو إلّا فِطرة في النفس البشرية، كما يُعد من الحاجات الاجتماعية فهو أمر محمود ومرغوب ما دامت غايته شرعية وطالما أن درجته لا تصعد إلى التغطية على العقل ومداركه أي أن تكون مُحباً واعياً.

لا يقتصر الحُب على الحُب المادي من الرجل إلى المرأة أو العكس، بل هو أشمل وأعم ودوافعه الأجر والخير مثل حُب العبد لربه، أو المؤمن لرسولنا الكريم، أو المؤمن لأخيه المؤمن، كلها تعد تعريفاً للحُب بذاته وعلامة اكتمال الإيمان وثمرته الجنة،

قال الله تعالى:

"قُلْ إِنْ كُنْتُمْ تُحِبُّونَ الله فَاتَّبِعُونِي يُحبِبكُم الله ويَغفِر لَكُم ذنُوبَكُمْ والله غَفُورٌ رَحِيمٌ"

صدق الله العظيم

المواد الدُستورية الناقِصة وإن كَثُرَت

المادة (١)

- عِشق الذات يكون دائماً البداية

ذلك إن قُمت بتقديم لنفسك شيئاً من الدعم والاحتواء وحدّ مناسب من التعاطف بشيء من الصفاء والهدوء وقبل ذلك كله الشعور نحوها بالحُب مما يجعل من حبها كل الحب لمَن حولك، يأتي ذلك من أن تجلس معها وتجعلها رفيقك الأول أن تختلي بروحك فقط عن البقية لفترات مما يزيد معرفتك بها على نحو جيد ويجعلها محبوبة لديك، وذلك يكون الأساس الذي يصل بك لأكبر درجات

العشق الروحي التي تكون مع الله عز وجل فيكون بقية الناس أمرهم أكثر سهولة ويسر بل وصدق فيكون وجودك ووجود من حولك أكثر جمالاً في الوجود الدنيوي الحلو الزائل بالمناسبة،

عليك في ذلك أن تعمل صالحاً وتكون مع الله وتجعلها دائماً في تقوته ورضاه، فالنفس قد رفعها الله وأعز شأنها وقدّرها حتى أنه أقسم بها فقال سبحانه وتعالى "ونفسٍ وما سوّاها"

تلك النفس التي أودع فيها الله أسباب الغواية والفساد كما أودع فيها أسباب الهداية والرشاد والصلاح، ومن ثم فقد اجتمعت بها أسباب وسبل الهلاك والنجاة وأنت مَن تطرق أيّاً من تلك الطرقات، الذات هي الماهية الوجودية لنا جميعاً إذا ما عاهدناها على الحفظ والرعاية والود وجدناها أقرب وأقوى عون لنا وأحرص الخلق علينا، وأنصحني وإيّاكم أن نجعل علاقتنا بذواتنا علاقة الواحد لا الاثنين..

المادة (٢)

● توطيد العلاقة بقلوبنا العذارى يُبقينا أقوياء

"ألا بذكر الله تطمئن القلوب"

القلب هو مركز الإيمان والطمأنينة، كما أن القلوب النقية لا يتوقف نبضها عن العطاء مهما حاول البعض إرهاقها وكسرها، لأنها تعيش في مساحة لا يصل إليها إلّا الأنقياء، فتتجلى روعة الحياة بوجود أهل القلوب العذارى النقية الثابتة على مكارم الأخلاق فجمعت بين الطيب والوفاء والصدق والصفاء، إن توطيد علاقتنا بقلوبنا العذارى النقية يُبقينا أقوى وأصدق وذوات نظرة أشمل وأكثر شفافية ووضوحاً كما يجعلك أكثر هدوءاً بلا اندفاعات مُسبقة.

المادة (٣)

- السير في رِحاب النقاء درب جيد

في أولى الخطوات نتحسس ذلك السبيل الذي نبدأ به لأول مرة كي لا نخطئ أو للمحافظة على أنفسنا ثابتة لأن أي رجفة في إحدى قدمينا أو كلتاها سيُودي بنا صوب نهاية كثيرة التقدم ومبكرة للغاية، تكون هي خيبة الأمل الأولى بمقبل الأيام التي قد تُشوّه بنا الكثير، لذا فالأجدر والأحرى لشخوصنا الأولى البريئة في عمرها الأول بأن تسير سبلاً لا عوض عنها، دروب تكون إلى حد كبير من الشبه لأرواحنا الغير مبالية في تلك المرحلة بحيواتٍ زائفة، سبلاً نَضِرة ونقية وقد صارت محدودة الجهات، أهمها وأولها وآخرها والدينا سبيل والدينا فهو الدرب الأكثر أماناً لذواتنا ونقاءً وسط الزيف العائمين به، إن صحّ ذلك الدرب من البداية فقد صحّت كل السبل معه وبعده، وكذا فلنختار الطرق الدافئة بمَن فيها وأرواحهم ونتجنب باردي الروح، برد الروح أبشع من برد الجسد بكثير فتلك الأرواح الباردة الميتة لا تشعر فما منها سوى إرهاقنا بكل ما أوتيت من موت، وأما الدافئة العائشة في حياةٍ صادقة فتدفئ روحنا كاملة في أوج فصول الشتاء وليالي هطول الجليد..

ألّا نترك رحاب الله وبدايته أمهاتنا وآبائنا، لا سيما وجلنا يعي تماماً ويدرك ذلك عن كسب لكنها بمثابة الأمانة الدائمة الواجب تذكرها بصدق وعمل خالص الإخلاص في توصيلها ووصية واجب العمل بمِقتضاها بشكل مسبق أعم وأشمل.

المـادة (٤)

- أصحاب الحُب الأوائِل هُم ذوي النهج لباقي المسيرة

مع أولى الخفقات التي تصدر عن قلوبنا السليمة تجاه فرد من أبناء الجنس البشري بدافع الحُب يتولد داخلنا شعور سعيد نَضِر مصحوباً بالأمان واللذة الحياتية المُفرطة بشيء من البراءة والسذاجة في آنٍ واحد متجنبين بشكل كبير إعمال وازع الواقعية والتفكير المُسبق فيما قد نجنيه إذا مرّ الأمر على عكس المرجعية المعتادة للسابقين في أمور كتلك من السعادة ولم تكتمل الحكاية كما رُسِمَت داخلنا وردية..

تأثير أولئك الذين خُفِقت لهم قلوبنا ورسمنا معهم الأحلام الوردية يكون هو الأكثر جذرية علينا وحياتنا فيما تبقى منها يجعلونا إما نثق أو نُشكك فيمَن حولنا أو مَن يحاول الاقتراب منا أو نوشك على الاقتراب منه، لأننا لم نكن متمرسون قبلهم في الأمور الحياتية حقيقية المرارة، هم مَن يفضون بكارة قلوبنا العذارى لذا فهم إن لم يُكملوا معنا الطريق الذين بدأناه فيكون سبيلاً قد زُرع شوكاً لِمَن يأتي بعد..

فقد وجب علينا انتقاءهم..

انتقاء أولئك الأوائِل في مرحلة الدراسة..

الأوائِل في العمل، الأوائِل في الحديث على المقهى بالأمور الحياتية، الأوائِل في الصداقة، الأوائِل في العِشق..

ننتقي شخوص آهلة بحمل القلوب..

المادة (٥)

● البقاء على القلب هادئاً يُرينا الحُب حُباً

دائماً وجب علينا أن نكون على شيء من الاستقرار الداخلي، فذلك الهدوء الذي قد يبدو علينا يجعل مِنا أناس أكثر ثباتاً في مجابهة الباقين وتجاه أمور وجب علينا خوضها، كما أنه يرينا الأشياء أكثر وضوحاً وبصورة أعمق عن الآخرين، من خلال ذلك نسلك دروباً الأحرى بِنا سيرها، نستطيع كشف واكتشاف الحقائِق إن كان حُباً فحُب وإن كان غير ذلك فهو كذلك..

كلما هدأنا بقلوبنا رأينا ما لا ترينا إيّاه عيوننا أو عقولنا، هدوء القلب يجعلنا على ما يُرام لأطول فترة ممكنة.

المادة (٦)

● كيفية العِشق من القدامى نتعلم منها ثوابت الحُب

لأن المُحبين القدماء جيدون أكثر مِنا في الشعور فإن الحُب لديهم كان أصدق، كان حُباً، كان براقاً في عين كل منهم، تراهم في الصحراء تحسبهم ما هم إلّا صعاليك وعبيد فتقول لا يعرف أحد منهم سوى الرعي والحلب والسقي، لكنهم أناساً أكثر فِطرة يحملون في صدورهم قلوباً تتسع البادية برملها وعشبها وخيامها وفرائسها وحرّها وبأسها وجوعهم والعطش السائد بعيداً عن الآبار، فكانوا يشعرون بكل تلك الاشياء شعوراً شديداً لأن الشيء إذا اشتد أكثر كان الشعور به أكبر، كانوا إذا شعروا بالحب تغنّوا به في أشعارهم وكان وصفهم لِمَن يُحبون أبلغ وأصدق وأكثر كمالاً عن ما بداخلهم حقاً، كان الحنين لديهم إلى الذات أقوى من اللذات، إن أحبوا كان حُبهم عنيفاً، هم ذوي نفوس وأذواق لطيفة وحساسة إذا رأى أحدهم الجمال أخذه بقلبه وتملّك من مشاعره وإذا فارقوا مَن أحبوا جاشت مراجل الحُب في نفوسهم ويصفوا مَن يُحبون بالصفات التي تثير في نفوسهم كوامِن الشوق ولذلك كانوا يقدمون الغزل في فاتحة أشعارهم.

المادة (٧)

- نهج امرؤ القيس

كان امرؤ القيس قد بلغ في نهجه غاية لم يسبقه إليها أي أحد، وسلك سبيلاً اتبعه فيه مَن جاءوا بعده، فقد كان لشعره طابعه الخاص به وحده، فقد كان غزله الذي يكاد يذوب لطافة ورقة كان مُختلفاً ومرغوباً فيه لدى الكثير..

مع ذلك يقول المؤرخون أن امرؤ القيس بكل ذلك الإفراط في الشعور وحبّه للنساء والولع بهن كان غير صادقاً ولا ثابتاً بل إنه قد كان فقط مُحباً للجمال يتتبعه حيث كان كما يتبع الراعي ساقِط الغيث، يُقال فيه عندما سُئل ذات مرة: ما أطيب لذّات الدنيا؟ فقال: بيضاء رعبوبة، بالحُسن مكبوبة، بالشحم مكروبة، بالطيب مشبوبة..

ويعني بذلك أن أطيب لذّات الدنيا تكمن في الأنثى البيضاء الناعمة شديدة الجمال وهذا ما يعد قصوراً في رأي امرؤ القيس إذ أن ذلك يُحسب حباً لجمال المرأة وليس للمرأة ذاتها، في شِعره نرى ذلك وفي تعدد زوجاته الكثير نراه بوضوح وفي شخصيته كُلّ نرى ذلك مليًا..

المادة (٨)

- نهج عنترة العبسي

تتسم أشعاره بأنها مزيجاً من الأشعار العاطفية الجيّاشة والأخرى الحماسية اللتان آثرناها بهما بسبب حبه الشديد لابنة عمه وأخو سيده (عبلة) وقد تأثر عنترة بجميع مراحل حياته العنيفة المتصارعة فنجده واضحاً في شِعره من الغزل العفيف بالإضافة إلى الأشعار الحماسية الكبيرة في المعارك التي كان يشارك بها، إذ قام فيها بإنشاء أبيات ملحمية توضح بطولاته وبسالته والزود عن قومه أمام الأعادي وهذا ليس حُباً في قومه بل ليُبين قوته وبأسه أمام محبوبته التي أشعر في حُبها الغزل العفيف الذي قد تميز عن أشعار الآخرين ذلك بسبب حُبه الجارف لها ومشاعره الفيّاضة وعواطفه الجيّاشة حتى صار حُبه لها وأشعاره فيها حديث العرب أجمعين..

المادة (٩)

- نهج أبو الطيب المُتنبي

كان للمُتنبي مع الحب الكثير من العبر والقصص، وقد انعكس ذلك عبر قصائده فقد أظهرت غزلياته الشهيرة ذلك جلياً وبوضوح،

يُقال في أبو الطيب المتنبي أنه كان صياداً للجمال، فيبرز في المقام الأول جمال المرأة ومفاتنها إن أعجبته في قصائده بأدق وأبلغ الكلمات والأشعار، فلم يكن يخلو شعره في الحُب أبداً من بهاء تصويره للمرأة، عُرف عنه أنه كان شديد التقرب من النساء،

اتضح نهج أبو الطيب أحمد بن الحسين المُتنبي في الحب بأنه ليس سوى حُباً لجمال المرأة ومفاتنها وليس حُباً صادقاً.

قال عن الحُب..

الحُب ما منع الكلام الألسنا

وألذ شكوى عاشقٍ ما أعلنا

المادة (١٠)

- قُدامى المصريين هُم الأوائِل في العِشق

قال المصريون قديماً عن الحُب أنه "هِبة الطبيعة في كأس الحياة لتلطِف مذاقها المرير" فكانوا أول مَن تفاخر بعاطفة الحُب وخلدوها في عالم الأحياء وعلى جدران معابدهم وأحجارهم وفي قصور الأبدية يقصدون المقابر لكي يحيا الجميع بالحُب في العالم الآخر..

كما ظلّ الحُب عند المصريين القدماء مُحفزاً لابتكار أساطير عديدة وأشعار وأدبيات بلورت صورة أقرب لمشاعر المصري القديم بمختلف المفردات والصور البلاغية، مجسداً لها بكل ما ملكه من إمكانات مادية.

على إحدى جدران قصور الأبدية خاصتهم كتبوا:

"حُبي لك ينفذ إلى كل جسدي كما يذوب الملح في الماء، كما يمتزج الماء بالنبيذ"

تلك كلمات تنقل أصداء قلب عاشِق من مصر القديمة هائماً بمحبوبته، يفصلنا عنه ما يزيد عن آلاف السنوات، قلب استعان بأعذب ما جادت به لغة عصره في حضارة كانت ثمرة اختمار تجارب إنسانية تأسست فقط على العِشق والحُب الصادق.

وقد أسهمت مكانة المرأة المصرية قديماً في تهيئة المناخ المناسب أدبياً واجتماعياً قد أثرى حضارة لم تفرق بين رجل وامرأة، بل تأسست على روح التعاون بينهما والتي تتضح من مُطالعة النقوش والنصوص الأدبية وصور وتماثيل للمرأة في مُختلف أدوارها ربّة أو ملكة أو واحدة من عامة الشعب، فنجد بوضوح أن الحُب لديهم لم يقتصر فقط على الجمال أو المفاتن وحدها بل نظروا إلى الأدوار والمهام والشخصيات ذاتها وهو تعمق أكثر للعِشق بينهم، ونجد واضحاً أن تبارى ملوك مصر قديماً في تخليد قصص حُبهم مُستعينين في ذلك بناصية الفن

والعمارة فكتبوا الخلود لملكاتهم بعمائر كُرست لهن خصيصاً، ونقوش لا حصر لها أبرزت تألقهن في شتى أرجاء مصر.

إلينا ما قام به بعضهم..

المادة (١١_١)

• عِشْق الملوك
(أحمُس ونِفرتاري)

جعل أحمُس لزوجته الملكة نِفرتاري شأن عظيم بِفضل حُبه الشديد لها حيث شاركته حُكم البلاد ما يقرب من ٢٢ عاماً، وانعكس حُبه لها على الشعب أيضاً فأحبوها كذلك حيث قام أهل طيبة بتقديسها بعد وفاتها، وأقام لها الملك أحمس معبداً في طيبة، وصورت على جدران الكثير من مقابر نبلاء الدولة التي تمدنا بالكثير من اللوحات الجنائزية ممثلة علو شأنها كما تم تخصيص لها مجموعة من الكهنة لعبادتها، واستمر الحال كذلك في عبادتها وتقديسها نحو ٦٠٠ عام منذ وفاتها.

ومن هنا يتضح لنا ونرى طريقة حب أحمس وشعب طيبة لملكتهم وإخلاصهم لها ولذكراها..

المَادة (١١-٢)

• عِشق الملوك
(أمِنحَوتِب الثالث وتِيي)

عُرف عن الملكة تيي أنها المفضلة والمُحببة لدى الملك أمنحوتب الثالث فأمر بحفظ تماثيلها بصورة جليلة القدر وكان حريصاً على الإنعام عليها بأعلى المراتب حُباً فيها، حيث يُقال أن أمنحوتب الثالث استهلّ من أجلها عُرفاً للمرة الأولى في البلاد لم يكن متبعاً من قبل وهو أن يتم اقتران ألقابه الملكية الخاصة في النصوص الرسمية والنقوش باسم الملكة تيي جنباً إلى جنب، نجد في عدة دراسات أن لم يحدث على الإطلاق أن توحد زوجان ملكيان على هذا النحو في النظام الإلهي والكوني.

كما أمر أمنحوتب الثالث بإنشاء بحيرة كبيرة لمحبوبته العظيمة تيي لكي تستطيع أن تُروِح عن نفسها، ومن أجلها أيضاً أمر بإقامة معبد تم تكريسه فقط لعبادتها.

كما يشهد بهو المتحف المصري في القاهرة على وجود تمثال عملاق للملك أمنحوتب الثالث تجلس إلى جواره محبوبته الملكة تيي بنفس الحجم في دلالة واضحة تامة على عظيم الحُب لها.

المادة (١٢)

• حبيبنا خير الخلق

لم يكن النبي صلَّ الله عليه وسلم قاسي القلب، ولم يكن يعتزل النساء بل كان رجل يسعد بما يسعد به الرجال ويحب الطيب والنساء وقُرة عينه الصلاة، ولم يكن ليفهمه المتشنجون والمتشددون في فهم السنة.

المادة (١٣)

● نقاء العقيدة يُلجِم الهوى

لم تكن حياة النبي صلَّ الله عليه وسلم قاتمة بلا ابتسامة، أو جامدة بلا مشاعر، أو حادة بلا تلذذ بجمال الحياة وبهجتها، وتمثل النساء جزءاً كبيراً في هذا الجانب من الحُب والرومانسية والامتزاج الذي وصَل إلى درجة من التوحد في بعض الأحيان ومنح المرأة مكانة بين المسلمين.

المادة (١٤)

• منهج حبيبنا ورسولنا القويم الرحيم

جاءت سيرته عليه أزكى الصلاة والسلام حافلة بالمشاهد الخالدة عن رحمته بالعدو والصديق، والكافر والمسلم والشيخ والشاب والطفل والرجل والمرأة، وعلى عكس ما يُعانيه صنف غير يسير من الناس اليوم جراء بعده عن طريق رسول الله من شُح العاطفة مع الأهل بداعي الرجولة حفظاً للكبرياء ولجماً للشريك حتى لا ينفلت أمره حسب المفهوم السائِد في مجتمعنا الإسلامي.

المادة (١٥)

● نُشرق بشمس الحبيب ونوره

أشرقت شمس مولانا صلَّ الله عليه وسلم فعمّ نوره الأرض ومَن عليها، وسَرت رحمته في أوصال الخلائِق مَحبة ورِقة فكانت خلاله ترجمة فِعلية لأحاسيسه النَدِية، فهو عين الرحمة التي أهداها رب العالمين للخلق أجمعين، فإنه حبيب الرحمن الذي جمع فيه سبحانه عطاءه لكل أصفيائِه، فكان لهذا العطاء من الله سبحانه وتعالى فضل وزيادة على قلب رسوله صلَّ الله عليه وسلم، الذي شَع محبة ورأفة ولُطفاً وحِلماً وإحساساً لا يُضاهيه في رِقته أي شيء على وجه البسيطة.

المادة (١٦)

● ما أحن وألين رسولنا وحبيبنا محمد

ها هو خير الخلق يشعر بحنين الجِذع وأنينه فيضع صلَّ الله عليه وسلم يده عليه ويُسكن من روعه رحمة به ويُخيره بين أن يرده إلى الحائِط أو يغرسه في الجنة فيختار الجِذع دار البقاء على دار الفناء..

وها هو حبيبنا وحبيب الرحمن يسمع شكوى الجمل الذي حنّ حين رأى النبي وذرفت عيناه، فينزل صلَّ الله عليه وسلم من فوق دابته ويمسح ظفريه ويُسكن ما به ويُنهي صاحبه، ما بالنا وإذا كان هذا حال رسول الله صلَّ الله عليه وسلم مع الجماد والحيوان فكيف إذاً تكون المعاملة مع سائر الخلق من الإنس..

المادة (١٧)

● عن شيء من رحمته صلَّ عليه الله

كان بِره وفضله وخيرته لأهله تفوق نظيرتها في مَن سِواهم لِيُعطي بذٰلك برهان صدق رحمته وكمال رجولته، ويدل أصحابه وأمته من بعدهم علىَ هذا الباب العظيم من الفضل فقد رهن الصادق المصدوق خَيرته لأهله، وجعل القيام بِحقهم وإسعادهم تعبداً لله تعالى وواجباً شرعياً، فعن أم المؤمنين عائشة رضي الله عنها قالت:

قال رسول الله صلَّ الله عليه وسلم (خيركم خيركم لأهله وأنا خيركم لأهلي) صدق رسول الله صلَّ الله عليه وسلم.

المادة (١٨)

● مظاهر المَحبة في حياة رسول الله

قد عمَّت مظاهر الحُب والرحمة واللين وخفض الجناح وسهولة الطبع وتدليل الزوجة تفاصيل حياته صلَّ الله عليه وسلم مع زوجاته في إقامة حياة تفيض سكينة وطمأنينة طلباً للعيش الهنيء في الدنيا، فيكون من ثِمار هذا التأسّي لا شك اشتداد الرباط بين الزوجين وازدياد صلابته ومتانته، ويتجدد عهده في كل وقت وحين، لا تخبو أو تنطفئ جذوته، ولا تنشجه مشاكل حياة ولا تقطعه برازخ موت، يصبح صلة ممتدة في المكان والزمان، جذوره في الأرض حيث وُلد وأغصانه المثمرة في جنات النعيم التي وعد الله المُتقين من عباده إن هم أحسنوا.

المادة (١٩)

● حُب كعُقدة الحبل وأشد

لم يكن سيدنا رسول الله صلَّ الله عليه وسلم يجد حرجاً في الإعلان عن حبه لزوجاته صراحة سواء بينه وبينهن أو أمام الناس، فقد كانت نفسه شفافة إذا أحسَّ أمراً أخبر به وهو ما يدل أنه صلَّ الله عليه وسلم كان يعتبر الأمر مألوفاً ولا يتعارض مع خلق الحياء كما يعتبره البعض، فقد سألت أمنا عائشة ذات مرة رسول الله:

"كيف حُبك لي؟" فأجابها: "كعُقدة الحبل"

ولم تكتفِ بهذا ولعل هذا راجع إلى طبع المرأة فكانت لا تفتأ تسأله: "كيف العقدة يا رسول الله؟"

فيُجيبها: (هي على حالها) وما كانت لتفعل لولا حُبها الكبير له، فكان صلَّ الله عليه وسلم يروي ظمأها إلى سماع ما به يُطمئن قلبها وتُسكن عاطفتها.

المادة (٢٠)

● قُربك مولاي رحمةٌ

ـ كثُرة التعبد والتضرع إلى الله يقربنا منه فيُذيقنا من لذة الحياة مع إكثارنا من عمل الصالحات وإخلاصنا في طاعته.

ـ النوافل من أهم ما يُقربنا من الله تعالى، يقول النبي صلَّ الله عليه وسلم: إن الله تعالى قال: (ما تقرَّب إليَّ عبدي بشيء أحب إليَّ مما افترضته عليه، وما يزال عبدي يتقرب إليَّ بالنوافل حتى أحبه، فإذا أحببته كنت سمعه الذي يسمع به، وبصره الذي يبصر به، ويده التي يبطش بها، ورجله التي يمشي بها، ولئن سألني لأعطينه ولأن استعاذني لأعيذنَّه). رواه البخاري

المادة (٢١)

● مولاي وصلك ملجأنا

ذِكر الله سبحانه وتعالى يجعلنا دائماً على اتصال معه، فيجلب الله على ذاكريه من عباده المتعبدين له الفرح والرزق والمهابة، ووصل الله بأن نراقبه تعالى في أعمالنا وكثرة عبادتنا والإنابة إليه فيشرح صدورنا ويُطمئن قلوبنا فمع الله دائماً الدواء والشفاء فهو ملجأنا الوحيد؛ كما أن من آيات وصل الله تعالى هو حفظ الجوارح، نحفظ السمع عن ما لا يحق أن نسمعه، نحفظ البصر عن مشاهدة ما لا يحل لنا رؤياه، ونحفظ اللسان عن الكذب والبهتان وما لا يليق بجلال الله تعالى.

المادة (٢٢)

● في حِماكَ ونهواكَ

أحب خلق الله إليه مَن اتصف بمقتضيات صفاته مما لم يختص به ربنا جلّ وعلا، في حِماك يا الله بدعائنا وخشيتنا منك، الدعاء سمة العبودية وإنها عبادة ميسورة مُطلقة غير مقيدة بحال أو زمان ولا مكان..

يقول عمر بن الخطاب رضي الله عنه وأرضاه:

(لا أحمل هم الدعاء، فإذا أُلهمت الدعاء فإن معه الإجابة)

وهذا يقين خالص بأن الدعاء هو سلاح المؤمن الصادق وهو في كنف وحِمى الرحمن، نواكَ يا الله..

بسم الله الرحمن الرحيم:

(وَإِذَا سَأَلَكَ عِبَادِي عَنِّي فَإِنِّي قَرِيبٌ أُجِيبُ دَعْوَةَ الدَّاعِ إِذَا دَعَانِ فَلْيَسْتَجِيبُوا لِي وَلْيُؤْمِنُوا بِي لَعَلَّهُمْ يَرْشُدُونَ) صدق الله العظيم

المادة (٢٣)

● رفع مَنسوب المودة

يُرفع منسوب المودة بين العبد وربه بالطاعة والإقبال عليه وإخلاص الأعمال له، فتلك الأمور هي أصل الدين وتاج العمل وعنوان الوقار وسموّها ورجحان العقل وفيها سِر السعادة، فلا يتم أمر ولا تحصل بركة إلّا بصلاح القصد والنية، فصلاح العمل من صلاح النية، وصلاح النية من صلاح القلب، فالعِبرة في الإسلام ليست بكثرة العمل فحسب، إنما الواجب صحة الإخلاص لله وكثرة العمل الموافق لسنة المصطفى صلَّ الله عليه وسلم، والعمل وإن كان كثيراً مع فقد صحة المعتقد يورد صاحبه النار.

المادة (٢٤)

- بين القسوة واللين

يتقلب القلب في هذه الحياة بين اللين والقسوة، فإذا تواردت عليه القسوة والعصيان قسى، وإذا أكثر العبد من الطاعات والتقرب إلى الله رَقّ الفؤاد..

وسبب غِلظة القلب هو البُعد عن الله جلّ وعلا، وإذا وقع القلب في وحل الذنوب وجب على العبد ألّا يستسلم لتلك الأدران، بل عليه أن يبادر بغسل تلك الذنوب التي علقت بالقلب بالرجوع إلى الله والإنابة إليه، وقد أثنى الله على خليله بأنه دائم الرجوع إليه أوّاه منيب له في كل حال، قال سبحانه (إنَّ إبرَاهِيمَ لَحَلِيمٌ أوَّاهٌ مُنِيبٌ).

صدق الله العظيم

المادة (٢٥)

● نعبُدكَ ونتوكل عليك

يقول الرحمن الرحيم (إنَّ اللهَ يُحبُّ المُتَوَكِلِينَ) صدق الله العظيم

فالتوكل منزلة عالية من منازل الدين وقد قرنه الله تعالى بالعبادة، في التوكل رضا الرحمن ومنعة من الشيطان والرسل عليهم السلام هم أئمة المتوكلين، ومَن حقق التوكل دخل الجنة بغير حساب، وأمور الدنيا وزينتها قد يدرك منها المتواني ما يفوت المثابر، ويُصيب منها العاجز ما يُخطئ الحازِم، ولا يقدم في ذلك إلّا التوكل على الله والتعلق بالأسباب لا يُجدي في تحقيق المطلوب، ولما سُئِل الإمام أحمد عن التوكل قال: "هو قطع الاستشراف باليأس من الخلق".

المادة (٢٦)

● لا نرجو إلّاكَ مولاي

في التوكل راحة البال واستقرار الحال، وبالتوكل تستغني النفس عمّا في أيدي الناس، ويقول شيخ الإسلام (وما رجا أحد مخلوقاً أو توكل عليه إلّا خاب ظنه فيه، ومَن فوّض أمره إلى مولاه حاز مُناه).

يقول الفضيل بن عياض (لو يئست من الخلق لا تريد منهم شيئاً لأعطاك مولاك كل ما تريد).

لنلقي كنفنا بين يدي الباري جلّ علاه ونعلق رجاءنا به ونسلم أمورنا إليه ولا نرجو إلّا الله، فإن قوي التوكل والرجاء وجمع القلب في الدعاء لم يرد النداء، فلنلجأ إلى الله بقلب خاشع ذليل مليء بالإيمان يفتح لنا كل أبوابه.

المادة (٢٧)

- لك يا الله أنطوي وألوذ

لنجعل مَحبة الله تعالى دوماً في قلوبنا، فمهما اشتد ذلك الحُب لن ينقطع أبداً ولا ينتهي بل إنه يشتد ويقوى فهو الحُب الصادق الصافي، وعندما نسير بحُب الله يبعدنا عن المعصية ويجعلنا في طاعته، نلوذ له وحده عند حاجتنا وهو القادر على تبديل أحوالنا من شقاء إلى راحة ومن عُسر إلى يُسر، نلوذ به وننطوي فيملأنا بالسعادة، الله وحده تعالى يقبلنا على عِلّاتنا ما رجعنا إليه إن هجرنا جميع الخلق فالخالق دائماً أولى بنا، وكيف نحزن والله أكبر وأعلى، كل القلوب يجبرها الله حبيبنا فيحبنا وكلما كبر الله في القلب كلما صغر وهان أي شيء.

المـادة (٢٨)

● أراكَ في صَحوي ونَومي وفي أحلامي

نُحبك مولاي ونرى جلالك في كل الأوقات، وذلك يجعلنا نقف أمام معصيتك ولا نقترفها لأن وجودك وحُبك ينهانا، فأنت الغني القوي الحبيب المُحب عظيم الشأن، في الصباح أسير في رحاب الله، أستنشق هواء الله، أشرب مياه الله، أعيش بنعم الله، وفي النوم أجد الراحة في الله، والسكينة مع الله، أكون محفوظاً من الله تعالى، وفي أحلامي أرى الله في كل شيء، أرى الله قريباً بحبه لي وبحبي له تعالى، ذات حلم رأيتني أبتسم وأنا أشعر بكل ما هو جميل سماء جميلة وأرض واسعة وبحار جارية وفضاء شاسع كلها مليئاً من خيرات الله، فأشعر أن الله تعالى وهب لي كل تلك النعم لأنه تعالى يحبني، وجدها لأجل راحتي في حياتي فما أراني إلّا أن أعترف بعجزي أمام قدرته وجلاله.

المادة (٢٩)

● ما وجدنا أعز من مأواكَ

يأوينا الله في كنفه وعزته وبسلطانه وكرمه، يجعل سبحانه من عباده المُحبين الصالحين ذُلهم للمؤمنين الموحدين به، وعزتهم على المشركين الكافرين، ويُحببهم في الجهاد في سبيله وحده وينزع الخوف من قلوبهم إلّا منه سبحانه وتعالى، وقد ذكر الله تعالى ذلك في آية واحدة حيث قال:

بسم الله الرحمن الرحيم (يَا أَيُّهَا الَّذِينَ آمَنُوا مَن يَرْتَدَّ مِنكُمْ عَن دِينِهِ فَسَوْفَ يَأْتِي اللَّهُ بِقَوْمٍ يُحِبُّهُمْ وَيُحِبُّونَهُ أَذِلَّةٍ عَلَى الْمُؤْمِنِينَ أَعِزَّةٍ عَلَى الْكَافِرِينَ يُجَاهِدُونَ فِي سَبِيلِ اللَّهِ وَلَا يَخَافُونَ لَوْمَةَ لَائِمٍ) صدق الله العظيم

فنحن في كنف الرحمن ولا نستحق أكثر من ذلك، ولن نجد أجمل وأعز من سلطانك مولاي.

المادة (٣٠)

● الندم على المعصية والتوبة (التوبة)

يُقال أن آدم عليه السلام لما أكل من الشجرة تساقط عنه جميع زينة الجنة ولم يبقى عليه من زينتها إلّا التاج والإكليل، وكلما استتر بشيء من ورق الجنة إلّا سقط عنه، فالتفت إلى حواء باكياً، وقال: استعدي للخروج من جوار الله، هذا أول شُؤم المعصية.

قالت: يا آدم، ما ظننت أن أحداً يحلف بالله كاذباً.

وذلك أن إبليس قاسمهما على الشجرة وآدم في الجنة هارباً استحياءً من رب العالمين فتعلقت به شجرة ببعض أغصانها، فظن آدم أنه قد عوجل بالعقوبة فنكس رأسه يقول: العفو العفو، فقال الله عز وجل: يا آدم، أفرارًا مني؟

أجابه آدم: بل حياءٌ منك سيدي.

فأوحى الله إلى الملكين أن أخرجا آدم وحواء من جواري، فإنهما قد عصياني فنزع جبريل عليه السلام التاج عن رأسه، وحلّ ميكائيل عليه السلام الإكليل عن جبينه، فلما هبط من ملكوت القدس إلى دار الجوع والشقاء بكى على خطيئته مائة سنة، قد رمى برأسه على ركبتيه حتى تنبت الأرض عشباً وأشجاراً من دموعه حتى نقع الدمع في نقر الجلاميد وأقعيتها.

المادة (٣١)

- يشعر الله بعباده وخلقه

قيل أن أبانا آدم عليه السلام لبث في السخطة سبعة أيام، ثم أن الله تعالى أطلعه في اليوم السابع وهو مُنكس محزون كظيم، فأوحى الله إليه: يا آدم! ما هذا الجهد الذي أراك فيه اليوم؟ وما هذه البلية التي أجحف بك بلاؤها وشقاؤها؟

قال آدم عليه السلام: عظمت مصيبتي يا إلهي وأحاطت بي خطيئتي، وخرجت من ملكوت ربي فأصبحت في دار الهوان بعد الكرامة، وفي دار الشقاء بعد السعادة والراحة، وفي دار العناء والنصب بعد الخفض والدعة، وفي دار البلاء بعد العافية، وفي دار الظعن والزوال بعد القرار والطمأنينة، وفي دار الفناء بعد الخلد والبقاء، وفي دار الغرور بعد الأمن، إلهي! فكيف لا أبكي على خطيئتي؟ أم كيف لي أن أجتبر هذه البلية والمصيبة يا إلهي..

المادة (٣٢)

• مَحبته ومغفرته سبحانه أبدية

قال الله تعالى سبحانه إلى آدم عليه السلام: ألم أصطفك لنفسي، وأحللتك داري واصطفيتك على خلقي، وخصصتك بكرامتي، وألقيت عليك محبتي وحذرتك سخطي؟

ألم أباشرك بيدي، وأنفخ فيك من روحي، وأسجد لك ملائكتي؟

ألم تكن جاري في بحبوحة جنتي تتبوأ حيث تشاء من كرامتي، فعصيت أمري ونسيت عهدي وضيّعت وصيتي؟ فكيف تستنكر نقمتي؟ وعزتي وجلالي لو ملأت الأرض رجالاً كلهم مثلك

(يُسَبِّحُون الله والنهار لا يَفتَرُون) صدق الله العظيم، ثم عَصوني لأنزلتهم منازل العاصين، وإني قد رحمت ضَعفك وأقلتك عثرتك وقبلت توبتك وسمعت تضرعك وغفرت ذنبك، فقُل: لا إله إلا أنت، سبحانك اللهم وبحمدك ظلمت نفسي، وعملت السوء فتُب عليَّ إنك أنت التواب الرحيم.. فقالها آدم، ثم قال له الله قُل: لا إله إلا أنت سبحانك اللهم وبحمدك ظلمت نفسي، وعملت السوء، فاغفر لي إنك أنت الغفور الرحيم.. فقالها آدم، ثم قال له الله تعالى قُل: لا إله إلا أنت سبحانك اللهم وبحمدك ظلمت نفسي، وعملت السوء، فارحمني إنك أرحم الراحمين.. وقالها آدم وكان قد اشتد بكاؤه وحزنه لما كان من عظم المصيبة، حتى إن كانت الملائكة لتحزن لحزنه وتبكي لبكائه، فبكى على الجنة مائتي سنة فبعث الله إليه بخيمة من خيام الجنة، فوضعها له في موضع الكعبة قبل أن تكون الكعبة.

المادة (٣٣)

- حبيبي يا رحيم في طريقي إليكَ

في طريقتنا للسمو نحو الرحمن الرحيم نجاهد في سبيلك وحدك الشيطان، وبنورك يا الله وقوتك نتخطاه وإن كنا ضعفاء ففي حِماك وسلطانك، والكفار بكرمك الواسع تنصرنا عليهم وحدك وتجعلنا الغالبين وإن كنا المغلوبين دونك حبيبي، ونجاهد نفوسنا فتقوينا عليها يا الله وإنها قوية شديدة البأس لكنك وحدك القادر الجبار القوي ونحن الضعفاء إليك..

المادة (٣٤)

● لك الحمد حبيبي على ما تفضّلت وأنعمت

بسم الله الرحمن الرحيم

(وِإن تَعُدُّوا نِعْمَةَ الله لَا تُحْصُوهَا إِنَّ الله لَغَفُورٌ رَحِيمٌ)

صدق الله العظيم

علينا أن نتذكر نِعم الله تعالى علينا ولا ننساها ونتفكر بها، وأن نؤدي دوماً وباستمرار شُكر الله تعالى عليها قولاً وفعلاً، ونِعم الله ما أكثرها هي كل خير ولذة وسعادة، ولو جَلس كل مِنّا يتفكر في نعم الله تعالى علينا لأمضينا الزمان دون أن نُحصيها..

قال تعالي بسم الله الرحمن الرحيم (وَأَسْبَغَ عَلَيْكُمْ نِعَمَهُ ظَاهِرَةً وَبَاطِنَةً) صدق الله العظيم

وهناك أعظم نعمة أرسلها سبحانه إلينا من جم محبته لنا وهي إرسال النبي محمد صلَّ الله عليه وسلم نبياً وحبيباً لنا حيث بعثه الله لنا رحمة وحُباً.

المادة (٣٥)

● حسبنا الله ما قريب إلّاكَ

يُروى أن حيّة قد نهشت يد عبد من عِباد الله فشُلّت ومضى زمن على هذا فشُلّت يده الأخرى بغير سبب يُعرف، ثم شُلّت رجلاه ثم عُمِيَ ثم خرس لسانه، وبقى على هذا الحال عاماً كاملاً فلم يبقى له من جوارحه سوى سمعه، وذات يوم دخلت امرأة على زوجته فسألتها: كيف حال زوجك؟

أجابتها: زوجي لا حيّ فيُرجى ولا ميت فيُسلى، فوقع ذلك على سمعه وقلبه وقعاً أليماً شديداً، فأخذ يبكي إلى الله تعالى في سِرّه ويدعوه تضرعاً وتقرباً، وخلال ذلك اليوم أخذ يؤلمه جسده ألماً شديداً حتى دخل الليل وانتصف وسكن الألم قليلاً، فنام الرجل حتى انتبه وقت الفجر وإحدى يديه على صدره فحركها فتحركت، ففرح فرحاً شديداً وأحس بطمعه في كرم وجُود الله بتمام العافية، فحرّك يده الأخرى فتحركت وجرّب أن يثني رجله فانثنت وفردها فانفردت وفعل في الأخرى مثلها، جرّب أن يجلس فجلس وأخذ يقوم من مكانه فقام ونزل عن سريره الذي كان مطروحاً عليه، وأخذ يمشي يتلمس الحائط في الظلام إلى أن وقعت يده على الباب ولم يكن بصيراً بعد وفتح الباب وخرج فرأى السماء والنجوم تزهر وتَلمع، فكاد يموت أو يُجن فرحاً وأخيراً نطق لسانه بأن قال: يا قديم الإحسان، لك الحمد.

ثم حدّثته زوجته فقال لها: بعد هذا لا أخدم أحداً غير ربي، وانقطع عن داره ولزم عبادة ربه وكانت هذه الكلمات (يا قديم الإحسان لك الحمد)

قد صارت عادته يقولها دوماً وسط كلامه، وقيل أنه كان مُجاب الدعاء..

المادة (٣٦)

● في سماءك رزقنا وأرضك وجلالك الأبقى

أن نكون مُحبين لله تعالى ومصدقين كلامه جلاله

يروي الأصمعي أنه في عودته ذات مرة من المسجد الجامع بالبصرة إذ قابله رجل متقلداً بسيف وفي يده قوس واقترب منه وسلّم عليه ثم سأله مَن الرجل؟

فأجابه الأصمعي قائلاً: من بني الأصمع

- أنت الأصمعي؟

- نعم أنا ذا

- ومن أين جئت؟

- من موضع يُتلى فيه كلام الرحمن

- وللرحمن كلام يتلوه الآدميون؟

- نعم

- اتلُ عليَّ شيئاً منه

وبدأ الأصمعي بتلاوة سورة الذاريات حتى وصل بها إلى قوله تعالى، بسم الله الرحمن الرحيم (وَفِي السَّمَاءِ رِزْقُكُمْ وَمَا تُوعَدُونَ) صدق الله العظيم

قال الرجل: يا أصمعي، هذا كلام الرحمن؟

- نعم والذي بعث مُحمداً بالحق إنه لكلامه أنزله على نبيه محمد صلَّ عليه الله وسلم..

قاطعه الرجل قائلاً: حسبُك، ثم قام إلى ناقته فنحرها وقطع بجلدها، وقال: أعنّي على تفريقها، ففرقوها على كل مَن يمر بهم ثم أمسك بسيفه وقوسه فكسرهما وألقى بهما على الأرض وولّى مُدبراً نحو البادية وهو يقول (وَفِي السَّمَاءِ رِزْقُكُمْ وَمَا تُوعَدُونَ)

فأخذ الأصمعي يلوم نفسه ويقول: ألم أنتبه لِما انتبه له ذلك الرجل؟

وعندما ذهب إلى الحج دخل مكة وأثناء طوافه ببيت الله الحرام، فسمع هاتفاً يُحدثه بصوت دقيق، فالتفت وإذ به ذاك الرجل مرة أخرى فسلّم عليه وجلسوا خلف المقام وقال له الرجل: اتلُ كلام الرحمن، فأخذ الأصمعي في تلاوة سورة الذاريات مرة أخرى، عندما وصل إلى قوله تعالى (وَفِي السَّمَاءِ رِزْقُكُمْ وَمَا تُوعَدُونَ)

فصاح الرجل: وجدنا ما وعدنا الله حقاً، وهل غير ذلك؟

فأجاب الأصمعي: نعم، يقول تعالى:

بسم الله الرحمن الرحيم (فَوَرَبِّ السَّمَاءِ وَالأَرْضِ إِنَّهُ لَحَقّ مِّثْلَ مَا أَنَّكُمْ تَنطِقُونَ) صدق الله العظيم

فصاح الرجل بشدة: يا سبحان الله، مَن الذي أغضب الجليل حتى أقسم؟! ألم يصدقوه حتى ألجأوه إلى اليمين؟

وكررها ثلاثاً ثم مات إلى رحمة الله تعالى..

المـادة (٣٧)

- إخلاصاً إليك وعِشقاً مولاي

نخلص مولاي إليك حُباً وتضرعاً وقرباً كما تفضّلت علينا في القرآن وعلى سُنة نبيك وحبيبك خير الخلق سيدنا رسول الله

حيث قُلت مولاي، بسم الله الرحمن الرحيم (وَمَا أُمِرُوا إِلَّا لِيَعْبُدُوا الله مُخْلِصِينَ لَهُ الدِّينَ حُنَفَاءَ وَيُقِيمُوا الصَّلَاةَ وَيُؤْتُوا الزَّكَاةَ وَذَلِكَ دِينُ القَيِّمَةِ) صدق الله العظيم

فنُخلص جميع أعمالنا إليك في الصلاة وقراءة القرآن والدعوة إليك والإنفاق في سبيلك، والجهاد في سبيلك حتى في زيارة الجار وصلة الأرحام وبِر الوالدين والبيع والشراء وحُسن معاملة الزوجة والأبناء، وكل ما تحبه مولاي وترضاه نفعله مُخلصين لك النية مهما كان العمل.

• يُقال أن رجلاً قابل سيدنا عيسى عليه السلام وقال له: يا عيسى ادعوا لي الله أن يمنَّ على قلبي بذرة من محبته.

أجابه سيدنا عيسى: لن تقوى

قال له الرجل: يا عيسى أستحلفك أن تسأل الله أن يمن عليَّ بذرة من محبته.

فسأل له سيدنا عيسى الله تعالى أن يجعل في قلب عبده ذاك ولو ذرة من محبته جلّ في علاه، فسمع عيسى عليه السلام هاتف يقول له يا عيسى إن الله تعالى يقول لك أن لا أحد من عباده يستطيع أن يقوى على أن يحمل في قلبه ولو على جزء من الذرة من محبته تعالى، فقال عيسى عليه السلام يا رب إنه مَن يريد ويطلب فمنّ عليه ولو بجزء من ذرة محبتك يا رب.

فسمع الله تعالى دعاء نبيه عيسى وأنزل على قلب عبده شيء من الذرة من محبته، ثم انصرف سيدنا عيسى عليه السلام وترك الرجل، وبعد مدة من الزمن عاد سيدنا عيسى إلى نفس ذلك المكان وسأل عن الرجل، فأجابوه الناس مَن كانوا هناك وقالوا له:

ـ إنه منذ أن كان معك وهو على سفح جبل لا يحدثنا ولا يسمعنا أو حتى يرانا، فطلب منهم سيدنا عيسى أن يدلوه على مكانه وذهب إليه..

رآه على سفح جبل هائِم عليه وأخد يحدثه فلم يُجيبه، وقف أمامه فلم يراه، ثم بعث الله تعالى ملكه جبريل إلى سيدنا عيسى عليه السلام يقول له:

ـ يا عيسى هو لا يسمعك ليُجيب نداءك ولا يشعر بِك لكي يراك، إنه مع الله وحده بكل جوارحه يشعر بالله فقط وهو بين يديه منذ أن أنزل عليه ذلك الجزء من الذرة من محبته تبارك وتعالى، ومَن

كان مع الله يا عيسى فلا يرى غيره ولا يسمع سِواه ولا يشعر بتلك الدنيا.

فاللهم نسألك ولو ذرة من ذرة محبتك مولاي..

قال الراغب الأصفهاني: «والمحبّة: إرادة ما تراه أو تظنّه خيرا، وهي على ثلاثة أوجه:

- محبّة للّذة، كمحبّة الرجل المرأة، ومنه:

بسم الله الرحمن الرحيم (وَيُطْعِمُونَ الطَّعَامَ عَلَى حُبِّهِ مِسْكِينًا وَيَتِيمًا وَأَسِيرًا) صدق الله العظيم

- ومحبّة للنفع، كمحبة شيء ينتفع به، ومنه:

بسم الله الرحمن الرحيم (وَأُخْرَى تُحِبُّونَهَا نَصْرٌ مِنَ اللَّهِ وَفَتْحٌ قَرِيبٌ وَبَشِّرِ الْمُؤْمِنِينَ) صدق الله العظيم

- ومحبّة للفضل، كمحبّة أهل العلم بعضهم لبعض لأجل العلم.

- مولاي إنَّا ببابك

- مولاي في حضرتك مولاي

- مولاي نهواكَ مولاي

- اللهم رِضاك

- اللهم منك ولك

- اللهم نهواكَ نهواكَ نهواكَ

تم بِفضل الله ومِنّته وحُبه

*   *   *